DE LA COMPTABILITÉ NATIONALE ET DE SON ORGANISATION,

Par ANTOINE LEVACHER-DUPLESSIS, *citoyen Français.*

PARMI toutes les causes auxquelles on doit attribuer le désordre et la confusion qui règnent aujourd'hui dans les finances, il n'en est peut-être pas de plus immédiate que l'absence absolue d'un bon système de comptabilité. Depuis dix ans des milliards ont été dépensés, une foule d'individus ont été appelés au maniement des deniers publics, et cependant l'on ne peut citer aucun compte rendu et légalement vérifié.

La Trésorerie nationale, dans laquelle doit à la vérité se verser le produit des contributions publiques, mais qu'une organisation vicieuse a voulu faire également le centre de toutes les dépenses, et le payeur universel, non-seulement n'a encore présenté aucun compte, mais ne sait même pas quel mode elle doit suivre pour débrouiller l'inextricable cahos dans lequel elle est plongée.

Et cependant s'il ne peut exister d'État sans finances, il n'y aura jamais de finances sans une bonne comptabilité ; c'est le flambeau qui doit sans cesse éclairer la marche de l'administration, et porter la lumière dans les nombreux détours qu'offre nécessairement cette complication de recettes et de dépenses dans un Empire aussi étendu que la France, et dont les revenus sont si considérables.

Aujourd'hui que l'intention formelle du gouvernement est de rétablir l'ordre dans toutes les parties de l'administration financière, ses regards doivent se porter d'abord sur l'établissement d'une comptabilité simple et lumineuse, qui doit être la base du nouveau systême que l'on veut établir.

Mais il faut avant tout revenir sur beaucoup d'erreurs, et reprendre de principes depuis trop long-tems méconnus.

L'Assemblée constituante a été égarée par des conceptions fausses et erronées sur la comptabilité nationale, et ses erreurs adoptées par les assemblées qui lui succédèrent, sont une des principales causes du désordre et de la confusion qui règnent aujourd'hui dans les finances.

Elle s'est doublement trompée, 1°. dans le mode de comptabilité établi par elle, et suivi jusques à ce jour, 2°. dans l'organisation de l'établissement national destiné à vérifier les comptes de l'État.

Je vais examiner successivement ces deux erreurs.

L'Assemblée constituante reconnut en principes, 1°. que la Nation étant un grand propriétaire, elle ne devait compter qu'avec ses agens principaux, 2°. que ses agens principaux étaient les Commissaires de la Trésorerie, 3°. que tous les Receveurs des Impositions ainsi que les Trésoriers et Payeurs particuliers étaient sous leur dépendance, qu'ils devaient en recevoir et arrêter définitivement tous les comptes, et que tous ces comptes particuliers étant résumés dans le compte général de la Trésorerie, il n'y avait en dernière analyse que ce seul compte qui dut être entendu et jugé par les Représentans de la Nation.

Séduite par ces idées, qui, comme toutes les idées générales, présentent au premier aspect une théorie simple et facile, mais dont on ne tarde pas à connaître l'erreur et le danger quand on veut en faire l'application, l'Assemblée constituante les consacra par la loi du 29 septembre 1791.

Mais on ne vit pas que c'était à tort que l'on

voulait regarder les Commissaires de la Trésorerie comme les agens principaux de la Nation, lorsqu'ils n'en sont que les Trésoriers, et que sous ce rapport ils ne doivent être considérés que comme des agens secondaires dans la main du Gouvernement; qu'à ce dernier seul appartient le droit de veiller à la perception et à la rentrée des Impositions, ainsi qu'à l'acquittement des diverses natures de dépenses; que ses agens principaux sont à cet égard les différens ministres, et que par conséquent les receveurs généraux des impositions directes et indirectes, les payeurs et trésoriers généraux doivent être sous leur dépendance immédiate.

Qu'en suivant au contraire le systême qu'on avait adopté, on isolait la Trésorerie du Gouvernement, on donnait aux commissaires une latitude d'attributions et de pouvoirs qui excédait les forces de cinq individus; qu'ils ne pouvaient surveiller eux-mêmes ces nombreux agens du fisc, placés immédiatement sous leur dépendance, et dont ils devaient examiner et arrêter définitivement tous les comptes; qu'ils seraient par conséquent obligés de s'en rapporter à une foule d'agens subalternes, travaillant dans l'obscurité des bureaux, et dont rien ne serait capable de garantir la probité, les lumières et l'exactitude.

Que d'ailleurs on rendait par le fait les commissaires de la Trésorerie les arbitres absolus de la fortune publique ; que dans le cas où ils se rendraient coupables d'erreurs, d'infidélités, ou de malversations, il deviendrait impossible de les en convaincre, lorsqu'il faudrait en découvrir la trace dans cette confusion que présenterait nécessairement cette masse annuelle de recettes et de dépenses accumulées dans un seul compte.

On ne fit point assez d'attention que cette idée d'un compte unique était impraticable dans son exécution ; qu'on ne pourrait jamais classer dans l'ordre convenable et nécessaire, les différentes natures de recettes et dépenses disséminées dans les comptes d'un grand nombre de Payeurs particuliers ; qu'on serait sans cesse exposé à commettre des erreurs et des doubles emplois, et qu'enfin ce compte général ne serait qu'une masse indigeste d'acquits comptables réunis sans ordre et sans intelligence.

L'expérience n'a que trop bien démontré la vérité de ces assertions. Que l'on se transporte dans les bureaux de la Trésorerie, on y verra une foule d'Employés occupés à vérifier, en aveugles, des pièces comptables qui sont ensuite enfouies dans les archives, pour servir un jour d'élémens à ce compte général qu'on ne rendra jamais.

Il est tems enfin de renoncer à cette manie de

centralisation qu'on a voulu porter dans toutes les parties de l'Administration publique ; cette idée purement systématique ne peut séduire que les esprits superficiels. Les hommes à longue expérience, et ceux-là seuls sont propres à l'administration, savent que l'ordre ne s'obtient que par une division bien conçue, des différentes parties dont un système financier se compose, que par une bonne classification des recettes et des dépenses dans le rang qui leur est assigné par la nature des choses, ensorte que les objets étant tous à leur véritable place, l'œil de l'Administrateur puisse s'arrêter sur chacun en particulier, sans trouble et sans obstacle.

Ce n'est qu'en revenant à ces premiers principes d'ordre et d'économie intérieure que l'on parviendra à établir un bon système de comptabilité.

La première opération à faire, c'est (qu'on me passe l'expression) de déblayer la Trésorerie nationale, de la ramener à son institution primitive, c'est-à-dire qu'elle ne soit plus que la caisse où se verse le produit des contributions publiques, et d'où partent les fonds qui doivent alimenter les divers services.

Il faut ensuite attacher à chaque partie importante de la dépense un Payeur ou un Trésorier, en observant de faire ces divisions de manière à ne pas trop multiplier les caisses ; parce qu'une trop grande dissémination des deniers publics entraînerait des inconvéniens.

Cet ordre établi, la comptabilité devient simple et facile ; elle se partage en deux divisions générales : la comptabilité des Receveurs et celle des Payeurs.

Ces deux classes présentent deux sortes de Comptables : les Comptables directs et les Comptables-indirects.

Les premiers sont ceux qui rendent compte directement à la Nation par l'intermédiaire de l'établissement national formé à cet effet.

Les Comptables indirects sont ceux qui ne sont tenus de rendre compte qu'aux premiers.

Ainsi, les Receveurs généraux des impositions directes, les Fermes et les Régies pour les autres natures d'impositions, les Trésoriers ou Payeurs généraux chargés d'acquitter toutes les dépenses, sont seuls comptables envers la Nation, et ils reçoivent les comptes de leurs Receveurs ou Payeurs particuliers.

On voit qu'en adoptant ce systême, les Comptables obligés de compter directement se réduisent à un petit nombre, et que la vérification de leurs comptes devient alors plus prompte et plus facile.

La Trésorerie nationale n'a plus alors à présenter qu'un simple compte de caisse, qui, offrant d'une part la généralité des recettes, et d'un autre côté chaque nature de dépenses en masse, sert de contrôle aux comptabilités particulières, et est à son tour contrôlé par elles.

Pour obtenir de ce plan, si simple dans tous ses élémens, des résultats avantageux, il ne s'agit plus que d'assujétir la reddition des comptes à des loix fixes et invariables, et d'en confier l'exécution à une autorité forte et imposante.

Cette dernière observation nous conduit naturellement à examiner comment et par qui doivent être vérifiés et définitivement jugés les comptes de l'État.

L'Assemblée constituante commit encore à cet égard beaucoup d'erreurs.

Elle crut d'abord qu'il n'appartenait qu'au Corps législatif seul d'appurer définitivement tous les comptes, et elle oublia que dans un systême représentatif le corps des Représentans doit se renfermer dans le cercle de la législation, et qu'il ne peut en sortir sans empiéter sur le pouvoir exécutif ou judiciaire, ou sur l'ordre administratif.

Elle se trompa également en n'envisageant la comptabilité que comme une opération purement administrative et en la confondant avec la liquidation.

Égarée par ces fausses idées, elle confia, par la loi du 29 septembre 1791, à un Bureau composé de quinze Commissaires, la vérification des comptes, en réservant à l'Assemblée nationale seule le droit de prononcer définitivement ; elle décréta en outre que dans le cas où il s'éleverait quelques contestations, elles seraient jugées par le Tribunal de l'arrondissement du Comptable.

La Constitution de l'an 3 adopta les mêmes principes, mais elle réduisit le nombre des Commissaires à cinq, et leur attribua le droit d'arrêter définitivement tous les comptes.

On apperçoit facilement les inconvéniens graves que présente un pareil système.

Cinq hommes disposent d'une manière absolue des finances de l'État, ils prononcent arbitrairement et sans appel sur l'emploi des deniers publics ! mais ces cinq hommes ne peuvent rien voir par eux-mêmes, leurs regards ne peuvent embrasser un aussi vaste ensemble, il faut donc qu'ils ne voient que par les yeux de leurs subalternes, et qu'ainsi le sort de la fortune publique soit abandonné à des hommes obscurs qui ne présentent aucune responsabilité.

On n'a pas vu d'un autre côté que c'était éterniser les comptes que d'en disséminer les parties litigieuses dans tous les Tribunaux de la République, que des comptables insidieux et de mauvaise foi ne manqueraient pas d'épuiser toutes les ressources de la chicane, pour se soustraire au paiement de leur reliquat, ou du moins pour en retarder l'époque, et qu'ils tireraient un grand avantage de l'inexpérience des Juges civils, aussi peu instruits que peu exercés dans les affaires de cette espèce : quel monstrueux système, et quelle source intarissable d'abus !

Le seul moyen de les éviter, était d'approfondir davantage la nature et les principes de la comptabilité.

On se tromperait étrangement, si l'on croyait qu'elle se borne à une simple vérification de pièces ; elle embrasse encore tous les objets qui tiennent à l'administration des finances de l'État, elle est assujétie à des formes essentielles à conserver ; elle se compose de réglemens et de lois dont il faut maintenir l'exécution ; un compte n'est point une affaire qui puisse s'arranger à l'amiable avec la Nation et un comptable. Il faut examiner si ce dernier a exécuté ponctuellement les obligations, et les lois auxquelles il était assujéti.

S'il n'a pas présenté ses comptes dans les délais fixés par les ordonnances, il doit subir une amende.

Si le Comptable est un Percepteur de deniers publics, il doit avoir perçu le montant de son rôle dans un tems déterminé, ou justifier qu'il a fait, pour y parvenir, les poursuites nécessaires; dans le cas contraire, la loi se réserve une action contre lui.

S'il n'a pas versé ses fonds au Trésor public dans les délais fixés, la loi le condamne à payer des intérêts.

Si le Comptable, au contraire, est un Payeur ou un Trésorier, il faut examiner si les paiemens ont été faits sur des pièces légales et suffisantes pour opérer la décharge de la nation.

Ces divers examens entraînent l'application de la loi à des cas déterminés, souvent même des condamnations à des peines pécuniaires et afflictives. En examinant donc la comptabilité sous ces véritables rapports, il est facile de se convaincre que, bien loin d'appartenir à l'ordre administratif, toutes ses opérations se lient à des idées contentieuses et judiciaires, et qu'un Tribunal seul doit être chargé de cette grande attribution.

Dans l'ordre civil même, il est des cas particuliers où l'on ne peut compter qu'en présence des Tribunaux; lorsqu'il s'agit, par exemple, de rendre un compte à des mineurs, c'est au Juge seul à l'entendre et à l'arrêter, parce que le mineur n'étant point en état d'agir par lui-même, la loi a pensé que dans un acte aussi important pour lui, l'autorité tutélaire de la justice était nécessaire. La Nation ne doit-elle pas être considérée dans une position semblable, et ne doit-on pas également interposer un Tribunal entr'elle et les agens du fisc.

A ces considérations générales tirées de l'examen approfondi des principes, et de la nature de la comptabilité, il faut en ajouter d'autres non moins puissantes et qui méritent de fixer toute notre attention.

Lorsqu'il est question de la sûreté des deniers de l'État, lorsqu'il s'agit de suivre et d'examiner l'emploi des contributions levées sur les peuples, les hommes à qui l'on confie d'aussi importantes fonctions ne sauraient être trop élevés dans l'opinion publique ; il faut que le caractère dont ils sont revêtus rassure sur leurs intentions, et sur leur conduite; or, un petit nombre de Commissaires ne voyant que par les yeux de nombreux commis n'offriront jamais cette garantie nécessaire; il n'y a qu'un Tribunal qui puisse en imposer aux comptables, et aux administrateurs qui ordonnent les dépenses ; et lorsqu'il faut donner à de pareils hommes la décharge de leur honorable, mais délicate gestion, l'obscur arrêté d'une commission administrative ne suffit pas, il importe, peut-être, d'imprimer à cet acte le sceau des lois, et le caractère sacré de la justice.

Il existe d'ailleurs, dans l'ordre civil une hiérarchie successive de Tribunaux, pourquoi ne l'établirait-on pas également dans l'ordre administratif?

La loi a sagement institué des arrondissemens de Départemens, de Cantons et de Communes; elle a créé des Ministres, des Ordonnateurs en chef. Sous leur direction immédiate, de nombreux agens perçoivent les deniers publics, acquittent les diverses natures de dépenses, il faut encore qu'un Tribunal suprême, indépendant du pouvoir exécutif, et néanmoins sous sa surveillance, juge définitivement les comptes de l'État, et par une suite nécessaire la responsabilité civile des Ministres et des Ordonnateurs; une pareille institution formerait le complément de l'organisation administrative et le couronnement de l'édifice.

Telles sont les observations que j'ai cru devoir soumettre au jugemeut des hommes éclairés. Je n'ai pas la prétention d'avoir émis des idées neuves, je n'en connais pas en pareille matière, mais j'ai voulu simplement rappeler des idées utiles et des principes vrais, dont une longue expérience avait démontré la sagesse, et dont l'oubli me paraît être une des sources du désordre qui s'est introduit dans les finances de l'État.

Je vais maintenant présenter un projet d'organisation d'une Haute-Cour des finances, base sur les principes et sur les vues que je viens de développer.

Plan d'organisation d'une Haute-Cour des Finances.

Dans la première partie de ces observations, je crois avoir démontré par l'examen approfondi de la nature de la comptabilité nationale et de ses principes, qu'elle appartenait essentiellement à l'ordre judiciaire ; la Constitution s'est bornée à fixer au nombre de sept, les Commissaires chargés de vérifier les comptes de l'État, mais elle n'a point dit quelle serait la nature et l'étendue de leurs attributions, elle a donc laissé aux pouvoirs exécutif et législatif le soin de les déterminer par des lois organiqnes. Mais pour fixer les idées à cet égard, il est une observation qu'il importe de faire.

Les constitutions précédentes avaient pensé que la comptabilité nationale devait être placée, hors des mains du Gouvernement, et sous l'autorité du Corps législatif ; en conséquence, l'assemblée constituante, par la loi du 29 septembre 1791, décréta que les Représentans de la Nation auraient seuls le droit d'arrêter définitivement tous les comptes. La Constitution de l'an 3, confia ce droit aux cinq Commissaires de la Comptabilité, mais sous l'autorité d'un comité de surveillance, existant dans chacun des deux conseils; les vrais principes du système représentatif furent alors méconnus, puisque le Corps Législatif empiétait par ce fait seul sur l'ordre administratif, ou le pouvoir judiciaire; la Constitution de l'an huit, au contraire, en renfermant les Représentans du peuple dans le cercle de la législation, s'oppose à ce que la Comptabilité fasse partie des attributions législatives.

Mais d'un autre côté en remettant exclusivement au Sénat conservateur, le droit de nommer les Commissaires chargés de la vérification des comptes, elle a voulu placer la Comptabilité hors de l'influence du pouvoir exécutif; ensorte que cette institution ne pouvant se rattacher aux deux premiers pouvoirs, elle serait pour ainsi dire comme une colonne isolée au milieu de l'édifice constitutionnel, si par les lois organiques à intervenir, on ne la liait au système général, en la plaçant dans les attributions du pouvoir judiciaire: par cette disposition, tous les principes seraient conservés. Selon le vœu de la Constitution, la Comptabilité resterait indépendante du pouvoir exécutif, et ce dernier, en plaçant auprès du Tribunal un commissaire nommé par lui, exercerait une surveillance nécessaire, parce que, dans un gouvernement bien organisé, il ne faut pas qu'une seule partie de l'administration publique puisse se soustraire aux regards vigilans de l'autorité suprême.

J'ai dit encore qu'une bonne comptabilité étant le flambeau de l'administration financière, il ne fallait pas, dans une pareille institution, se laisser guider par les vues mesquines d'une misérable bureaucratie, mais, au contraire, en se pénétrant de l'importance de cette institution, de son influence directe sur le bon ordre dans les finances et sur le crédit public, l'entourer de conceptions fortes et judicieuses, et coordonner son organisation avec le systême général des finances de l'Etat.

Ces idées concordent sans doute avec les principes qui paraissent diriger aujourd'hui le gouvernement. Une triste expérience nous a fait enfin sentir qu'un gouvernement n'était puissant qu'autant qu'il était élevé dans l'opinion des peuples, qu'il avait par conséquent besoin de considération et d'éclat, et qu'il ne pouvait obtenir l'une et l'autre qu'en s'honorant par des institutions administratives et judiciaires, faites pour lui concilier cette estime et ce respect universels, premiers et sûrs garans de la subordination sociale.

On trouvera le développement de ces vérités et de ces principes dans l'organisation suivante de la haute-cour des finances.

ARTICLE PREMIER.

Il y aura une haute-cour des finances, composée de sept juges, nommés par le Sénat conservateur, conformément à l'article 89 de la constitution.

ART. II.

Ses attributions sont, 1°. de vérifier et juger définitivement les comptes des Receveurs généraux et Percepteurs des deniers publics, des Trésoriers et Payeurs généraux chargés d'acquitter les diverses natures de dépenses.

Elle reçoit et juge également les comptes des Ministres et autres Ordonnateurs responsables, à elle seule appartient le droit de donner aux uns et aux autres la décharge de leur gestion.

2°. Elle veille au maintien de l'ordre dans les finances et à la sûreté des deniers publics, en conséquence elle peut vérifier ou faire vérifier les caisses des Comptables, leur fermer la main, et commettre à leurs exercices, si elle le juge nécessaire ; elle peut les obliger, par differentes peines, à ne pas retarder la présentation et le jugement de leurs comptes.

3°. Elle appose les scellés chez les Comptables qui meurent ou qui sont en faillite ; elle accorde la main-levée aux héritiers des Comptables lorsqu'elle juge que par la soumission faite par eux de rendre et appurer les comptes, les intérêts de la nation sont en sûreté.

Dans le cas contraire, elle procède à l'inventaire, à la vente des meubles et immeubles, et au jugement de toutes les contestations qui peuvent être la suite de cette opération.

4o. Elle poursuit le recouvrement des débets; en conséquence elle connaît de tous débats, discussions, ventes d'immeubles, priviléges et hypothèques concernant les Comptables, enfin de toutes les contestations qui pourraient s'élever entre les Fermiers et Régisseurs, Receveurs et Payeurs des deniers publics, et la Nation, relativement à leurs baux ou traités passés avec le Gouvernement.

5o. Elle connaît, tant au civil qu'au criminel, de tous les différends relatifs aux finances de la République.

ART. III.

Le nombre de sept Juges n'étant pas suffisant pour remplir de si nombreuses attributions, et examiner en même tems tous les comptes de l'État, afin d'accélérer leur vérification et leur jugement, il sera établi auprès de la Haute-Cour des Finances quarante Vérificateurs-Rapporteurs des comptes.

Ils seront nommés par le premier Consul, mais ils ne pourront être destitués que pour forfaiture jugée; et pour les cas particuliers étrangers à la forfaiture, mais qui pourraient cependant entraîner la destitution, dans la forme qui sera déterminée ci-après :

ART. IV.

Les comptes seront distribués par les Juges du Tribunal, aux différens Vérificateurs-Rapporteurs; ils les examineront sur l'original qui leur sera remis par les Comptables; ils vérifieront la légalité des paiemens et la validité des pièces à l'appui, et ils en feront, en personne, leur rapport au Tribunal, qui les arrêtera définitivement; le Vérificateur chargé du rapport d'un compte aura, lors du jugement, voix délibérative avec les Juges.

ART. V.

Si un Vérificateur-Rapporteur se rendait coupable de fraudes, de malversations, ou de collusion avec les Comptables, il sera traduit devant les Tribunaux compétens, à la poursuite et diligence du Commissaire du Gouvernement, dont il sera parlé ci-après.

S'il n'était coupable que de négligence dans ses

fonctions, le Commissaire du Gouvernement le dénoncera à la Chambre des Vérificateurs-Rapporteurs, et si, examen fait de sa conduite, les deux tiers des voix se réunissaient contre lui, le Commissaire auprès du Tribunal en réferera au Gouvernement, qui pourvoiera de suite à son remplacement.

ART VI.

Il y a auprès de la Haute-Cour des Finances un Commissaire nommé par le Gouvernement; ses fonctions sont de veiller à l'exécution des lois et réglemens de la Comptabilité, de faire exécuter par les Comptables les ordonnances qui les concernent, de les obliger à présenter leurs comptes dans les délais prescrits; de veiller à la sûreté des deniers publics pendant le cours de leurs exercices, et après leur décès, enfin, de requérir tout ce qu'il croira utile au bon ordre, à l'exécution des lois, et aux intérêts de la Nation : il a deux Substituts pour le seconder dans ses fonctious.

ART. VII.

Il y a sous le nom de Solliciteur général, un agent chargé de la poursuite de tous les débets des Comptables ; il exerce ses poursuites sous l'autorité du Tribunal, et il lui rend compte des poursuites par lui faites pour raison des charges et des débets subsistans sur les comptes.

ART. VIII.

Il y a en outre un Garde des archives, deux Greffiers, et quatre Huissiers, à la nomination du Tribunal.

ART. IX.

Lorsque les membres du Tribunal et les Vérificateurs-Rapporteurs seront nommés, ils se réuniront pour s'occuper, sans délai, de la rédaction des réglemens généraux nécessaires pour mettre en activité la Comptabilité nationale, et ils les soumettront au Gouvernement ; ils consulteront à cet égard les anciens édits, les ordonnances et déclarations, ainsi que les lois nouvelles, sauf à faire les modifications dont l'expérience a montré la nécessité.

Telles sont les vues que je propose pour l'organisation de l'établissement national qui doit être chargé de la vérification des comptes de l'État. J'ai cherché, en me renfermant dans les limites constitutionnelles, à tirer cette institution de l'obscurité des bureaux où les lois antérieures l'avaient reléguée, et j'ai voulu lui donner l'éclat et la dignité qui conviennent à son importance; si mes idées sont accueillies, je m'estimerai trop heureux d'avoir secondé de mes faibles lumières, les hommes qui s'occuptent avec zèle de la régénération de toutes les parties de l'administration publique.

De l'Imprimerie de DROST aîné, rue Tiron, n°. 3, près celle Saint-Antoine.

www.ingramcontent.com/pod-product-compliance
Lightning Source LLC
LaVergne TN
LVHW020452230826
846091LV00008BA/3166
* 9 7 8 2 0 1 3 5 7 1 2 4 1 *